ÉTABLISSEMENT

D'UNE

LIGNE CIRCULAIRE

DE BANLIEUE D'ALGER

PAR EL-BIAR ET LA COLONNE VOIROL

ALGER
IMPRIMERIE DE L'ASSOCIATION OUVRIÈRE, P. FONTANA ET Cie.

1882

ÉTABLISSEMENT

D'UNE

LIGNE CIRCULAIRE

DE BANLIEUE D'ALGER

PAR EL-BIAR ET COLONNE VOIROL

———

Le chemin de fer est certainement l'instrument le plus parfait que le génie de l'homme ait créé pour le développement de la civilisation ; c'est là une vérité qui n'est plus à démontrer.

Partout où les chemins de fer ont pénétré, la richesse du sol s'est accrue et avec elle le bien-être des populations.

Les villes importantes reliées au centre du mouvement, c'est-à-dire à la capitale, se sont appliquées, de leur côté, à multiplier leur moyens de communication avec les villes secondaires et les communes suburbaines, afin de devenir elles-mêmes un centre de mouvement ; c'est ainsi que les lignes du 3e et 4e réseau ont été créées et, après elles, les lignes de tramways à vapeur ou à traction par chevaux, remplaçant partout les diligences et les omnibus qui servaient de correspondances aux lignes primitivement établies.

La ville d'Alger n'est pas restée étrangère à cette révolution industrielle. Toutes les communes suburbaines du littoral, de St-Eugène à Hussein-Dey, c'est-à-dire sur une longueur de 10 kilomètres environ, ont été reliées entre elles par une ligne de tramways à traction de chevaux.

Le tramway succédant au légendaire corricolo a marqué un progrès très-sensible sur les moyens de locomotion en Algérie et, nous nous refusons à admettre, jusqu'à preuve du contraire, que la disparition du tramway d'Alger, puisse devenir définitive.

Loin de nous la pensée de nier les services rendus par les corricolos ; mais ils ont fait leur temps comme la patache, le coche et la diligence ; le rail trône en maître parce qu'il réalise un progrès considérable sur les modes de locomotion qui l'ont précédé.

L'installation des tramways, à Alger, a soulevé bien des critiques, provoqué bien des plaintes. Nous n'avons pas à examiner ce que ces plaintes ont de fondé, mais ce que nous voulons retenir, c'est que les tramways d'Alger ont déterminé un mouvement considérable ; qu'ils ont donné aux immeubles et aux terrains qu'ils ont touchés une valeur quadruple de celle qu'ils possédaient avant l'installation de ce service du transport ; que des agglomérations et des centres nouveaux se sont formés sur leur parcours ; en un mot, qu'il ressort à surabondance de preuves, que l'établissement des tramways d'Alger, obéissant à la loi immuable de la création des voies rapides et économiques, a accompli son œuvre en développant les relations commerciales sur une large zone de la voie parcourue par eux. C'est là un fait indéniable.

L'établissement des tramways, en déterminant ce mouvement expansif, a naturellement appelé la concurrence ; une autre entreprise d'omnibus est venue solliciter la clientèle et hier encore, les deux compagnies rivales se partageaient le service des transports des voyageurs entre Alger et Mustapha-Belcourt.

Le phénomène que nous signalions tout à l'heure s'est produit pour Mustapha-Supérieur.

Il y a quelques années, un omnibus de la Compagnie des Messageries générales Boniffay faisait le service, deux fois par jour, entre la place du Gouvernement et Mustapha-Supérieur.

Les voitures, mal établies, portaient de rares voyageurs.

Peu à peu le matériel s'est amélioré, l'exploitation s'est transformée, la clientèle s'est développée et les voyages sont devenus plus fréquents.

Sous l'influence de ces améliorations, les communications étant rendues plus faciles, la grande propriété s'est morcelée, des constructions nouvelles se sont élevées en s'étageant sur le magnifique coteau en amphithéâtre de Mustapha, et la concurrence dans les moyens de transport s'est établie.

Grâce à cette concurrence, le développement qui s'était prononcé s'est accentué et le mouvement des transactions deviendra plus grand encore, pour atteindre à son plus haut degré, si une entreprise hardie vient, par l'emploi de la vapeur, réunir les deux éléments qui constituent l'industrie moderne des transports : *la rapidité et l'économie.*

C'est le but qui fait l'objet de notre projet.

Par suite du profil mouvementé du sol entre Alger, place du Gouvernement, situé à la côte 19 et les principaux centres à desservir sur le coteau de Mustapha, tels que : El-Biar et la Côlonne Voirol, le premier à la cote 230, le second à la cote 180, reliés entr'eux par des rampes et contre-rampes de 0^{m}06 en moyenne, on voit à quelle dépense de traction par chevaux se trouvent astreintes les|Compagnies actuelles de transport, et par suite à quels frais considérables s'élève l'exploitation de ces entreprises.

En effet, la plus grande difficulté que toutes les Compagnies de transport, tramways, omnibus ou autres, rencontrent dans leur exploitation, réside

en un seul point, mais ce point est capital, puis-
qu'il provient du défaut de cavalerie de trait.

Le cheval arabe, bien que plein de cœur et de
vigueur, n'a ni poids, ni épaules, et ne peut,
malgré son énergie, donner dans le collier tout
l'effet utile que réclame la traction d'un lourd
véhicule traîné sur une rampe trop forte.

Quant au cheval français ou anglais qui pos-
sède toutes les qualités du cheval de trait, ces
qualités sont rapidement éteintes sous le soleil
africain qui amène chez l'animal, en quelques
mois, l'épuisement et la ruine.

Il faut donc, pour résoudre le problème : ou
suppléer aux qualités du cheval français de trait,
par la quantité de chevaux arabes, ce qui consti-
tue une très-lourde dépense d'exploitation, ou
adopter l'emploi de la vapeur.

Mais dans le cas qui nous occupe, le problème se complique, car le profil mouvementé du
sol à parcourir, la différence considérable du
niveau qui existe entre le point de départ et le
point d'arrivée, sur une très-courte distance,
impossible à développer, exigent un mode par-
ticulier d'application de la traction à vapeur.

Plusieurs systèmes ont été essayés et ont donné des résultats plus ou moins satisfaisants, suivant les besoins qu'ils étaient appelés à satis-
faire.

Le plus ancien est le plan incliné, autrement

dit *chemin à ficelle*, dont on trouve de nombreuses applications dans l'exploitation des mines et des carrières.

Ce système a été employé jadis sur les lignes du grand trafic à St-Etienne, en France ; à Liége, en Belgique, mais la perfection des machines-locomotives et les améliorations du profil de la voie de ces lignes ferrées ont rendu l'application de ce système inutile. Toutefois, il est encore en pratique entre Lyon et le faubourg de la Croix-Rousse.

L'établissement d'un chemin de fer à plan incliné exige des alignements droits avec paliers.

On conçoit donc que pour mettre Alger en communication directe, et par la plus courte distance, avec El-Biar ou la Colonne-Voirol, c'est-à-dire, en un point central du coteau de Mustapha, par un chemin de fer à plan incliné, on rencontrerait des difficultés insurmontables de premier établissement, entraînant des expropriations onéreuses se traduisant par des frais considérables que l'importance du trafic ne couvrirait pas, même dans l'avenir le plus éloigné. Nous passons sous silence le bouleversement général que l'établissement de ce chemin de fer apporterait dans la ville et dans les propriétés de la banlieue.

Quant à suivre l'une des grandes voies de communication qui relient Alger aux centres in-

diqués plus haut. le problème est encore insolu-
ble, car les nombreux renvois de transmission
pour l'enroulement du câble, nécessités par les
sinuosités de la route, rendraient l'application de
ce système impossible.

Un autre mode de traction mécanique a été
mis en usage pour franchir une forte déclivité :
nous voulons parler du *chemin de fer atmosphé-
rique* du Pecq à St-Germain.

L'application de ce système offrirait les mêmes
inconvénients d'établissement que celui du plan
incliné.

Mais il est un troisième système qui résout
toutes les difficultés, car il n'exige aucune dépense pour l'infrastructure de la voie, ni expropriations, ni terrassements, ni ouvrages d'art ; il
permet aux machines locomotives de franchir des
rampes de 0,07 par mètre et de se mouvoir dans
des courbes d'un rayon de 15 m. 00 ; nous voulons parler du système Larmengeat, combiné
avec celui de la voiture-vapeur.

Avant de présenter l'économie générale du
projet, il convient tout d'abord d'exposer briève-
ment l'avantage du système de traction qui sert
de base à ce projet.

La machine locomotive, dite *Larmengeat*, est
une machine routière dont les roues motrices, à
large bandage, prennent leur adhérence sur le
sol même.

Cette machine occupe le premier comparti- ment de la voiture et dissimule ainsi la machine, qui ne se trahit que par le dépassement du pa- villon de la cheminée, au-dessus de la couver- ture de la voiture.

Une deuxième voiture, ouverte ou fermée, du type de celles en usage sur les tramways, est at- telée à la première voiture-vapeur au moyen de tendeurs et de chaînes d'attelage, comme les voi- tures de chemin de fer.

Cette seconde voiture est montée sur des roues ordinaires, le train du devant articulé comme celui des omnibus.

La voiture-vapeur et celle attelée sont, en outre, munies de roues centrales à gorge placées à chaque extrémité de la voiture et dans son axe longitudinal.

Ces roues à gorge, montées sur pivot mobile, s'emboîtent sur un rail central à champignon qui sert de directrice aux deux voitures.

Une vis de pression sert à donner à ces roues l'adhérence nécessaire sur le rail ou à les relever d'une certaine hauteur au-dessus du rail, ou de la chaussée, si l'on veut se servir de la voiture attelée comme d'un omnibus à traction de che- vaux, suivant ce qui sera expliqué plus loin.

Le rail à champignon, qui sert de directrice, est posé sur une longrine soutenue de distance en distance par de petites traverses ; le dessus du rail affleure le niveau du sol, de façon à ne pas interrompre la circulation des voitures ordinaires ; des contres-rails de chaque côté du rail ménagent le vide nécessaire pour recevoir les boudins de la roue à gorge.

On comprend immédiatement tout le côté pratique de ce système :

Etablissement économique de la voie sur un des accotements de la route ;

Exploitation économique par la vapeur supprimant la traction des chevaux ;

Compensation de la dépense de combustible à la montée par l'économie de combustible à la descente ;

Entretien facile de la partie de la chaussée mise à la charge de la Compagnie d'exploitation, par l'emploi de roues motrices à large bandage, faisant office de cylindres compresseurs sur les rechargements en pierrailles de la chaussée ;

Arrêt facultatif pour la montée et la descente des voyageurs sur tout le parcours.

Telles sont, en résumé, les conditions économiques réalisées par l'établissement d'un service de voitures-vapeur, *à rail central.*

Nous allons examiner, en terminant, les avantages à résulter de cette entreprise, tant au point de vue de l'intérêt général, qu'à celui de la facilité des communications entre Alger et les communes suburbaines.

Le tracé comprend une *ligne circulaire* de banlieue ayant son point de départ à l'esplanade Bab-el-Oued.

Cette ligne circulaire est divisée en deux sections :

La première, allant de l'esplanade Bab-el-Oued à El-Biar et à la colonne Voirol en passant par : la rampe Valée, le boulevard Valée, la porte du Sahel, la route d'Alger à El-Biar, et enfin, le chemin vicinal d'El-Biar à la colonne Voirol ;

La seconde, allant de l'esplanade Bab-el-Oued à la colonne Voirol en passant par : la rue Bab-el-Oued, la place du Gouvernement, la rue Bab-Azoun, la place de la République, la rue Rovigo, la rue d'Isly, la porte d'Isly, enfin la route de Mustapha-Supérieur jusqu'à la colonne Voirol.

L'exploitation de cette ligne circulaire de banlieue, rencontrant l'agglomération des plus riches villas de Mustapha, se ferait en deux sections et au moyen d'un double système de traction : la traction par chevaux et la traction à vapeur.

La première section allant de l'esplanade Bab-el-Oued à El-Biar et la colonne Voirol, serait desservie par la vapeur jusqu'à El-Biar.

A cette station, la seconde voiture est déclanchée de la voiture-vapeur ; les roues directrices sont relevées au moyen de la vis de pression et cette voiture est attelée de trois chevaux, pour terminer le parcours d'El-Biar à la colonne Voirol, par le chemin vicinal qui relie ces deux points, dont les déclivités et le peu de largeur de la chaussée ne permettent pas l'emploi de la traction à vapeur.

Cette voiture, faisant alors fonctions d'omnibus, desservirait les nombreuses villas disséminées sur cette route, en donnant aux propriétés rencontrées par ce service une plus-value considérable.

La 2e section, prenant également son origine à l'esplanade de Bab-el-Oued, serait desservie par le même double système de traction.

La voiture-annexe à la voiture-vapeur, dont la gare de remise serait établie à la porte d'Isly, dans le terrain complanté d'eucalyptus et appartenant au génie, serait attelée de trois chevaux pour effectuer la première partie de son parcours, entre l'esplanade Bab-el-Oued et la porte d'Isly, en prenant sur son passage les voyageurs en destination du faubourg et de Mustapha.

Arrivée à la porte d'Isly elle serait accrochée à la voiture-vapeur pour continuer son parcours jusqu'à la Colonne-Voirol, par la traction à vapeur.

Telle est, sommairement exposée, l'économie du projet d'un service de banlieue d'Alger par voie ferrée, présenté par M. de Créty et par

M. Jules Oudot, ingénieur civil, dont les plans,
devis estimatifs et autres documents sont ac-
tuellement soumis à l'approbation de M. le Gou-
verneur général civil de l'Algérie, pour recevoir
l'autorisation nécessaire à son exécution, après
l'accomplissement des formalités requises à cette
fin.

Ch. DE CRÉTY.   Jules OUDOT.